JN436754

그리운 섬
우도에 가면

그리운 섬
우도에 가면

이 생 진 시집

도서출판 우리글

머리말

"우도에 가십니까?"

이 말은 묻기 위한 말이 아니라 가는 것을 환영한다는 말이다. 제주도 동쪽 성산항에 모인 사람들은 모두 우도로 가는 사람들이다. 30년 전만 해도 "우도에 가십니까?"가 아니라 "뭐 보러 우도에 가십니까?" 였다.

그때 우도엔 소나 말밖에 갈 곳이 아니라고 했다. 그러던 것이 요즘은 사람과 자동차가 간다. 산호백사장에서 산호모래 한 줌만 가져가도 수십만 원의 벌금에 처한다고 경고하고 있다. 그만큼 우도는 황금으로 변했다. 전에는 오토바이 한 대밖에 없었는데 지금은 철선 네 척이 하루 종일 자동차를 실어 가고 실어 온다. 이젠 "뭐 보러 우도에 가십니까?"가 아니라 "왜 우도에 안 오십니까?"가 되었다.

나는 고향 같은 성산포에 가면 꼭 우도에 들른다. 왜 그럴까.

첫째, 우도엔 생생한 개척정신이 남아 있다. 어느 섬이고 개척정신으로 이룬 것이 유인도지만 특히 우도는 황무지를 옥토로 바꾼 대표적인 섬이다.

둘째, 우도엔 강하고 부지런한 어머니가 있다. 우도의 어머니는 밭과 바다에서 쉴 새 없이 일한다. 밭에선 마늘과 땅콩을 캐고, 바다에선 해초와 해삼을 캔다. 우도엔 놀고먹는 여자가 없다.

셋째, 우도엔 사랑이 있다. 우도에 가면 사랑이 생긴다. 하고수동 백사장을 거닐다 자기도 모르게 '사랑'이라는 두 글자를 모래밭에 써놓고 수평선을 바라본다. 해질 무렵 일출봉을 배경으로 사진을 찍고 싶어 하는 두 젊은이에게 셔터를 눌러주는 것만으로도 사랑의 행복을 느낀다. 사랑이 무엇인가를 느낄 수 있는 곳이 우도다. 추억은 아름다운 곳에서 만들어야 오래오래 아름답게 남는다.

시인은 시가 있으면 그것으로 만족한다. 우도는 시가 있는 섬이다.

2000년 여름

이 생 진

다시 《그리운 섬 우도에 가면》을 만나는 기쁨

일출봉 정상에서 시원한 바람을 마시며 왼쪽(동쪽)을 바라보면 소처럼 누워있는 섬이 보인다. 그 섬이 우도다. 왠지 마음이 끌린다. 발을 그곳으로 옮긴다. 잘했다는 생각이 든다. 그렇게 마음 먹지 않고는 가지지 않는 섬이 우도다. 그렇게 하지 않으면 돌아와서 후회한다. 그거 15분만 참았어도 우도에 가는 건데 하고 후회한다.

이왕에 성산포까지 왔으니 우도에 가보라. 이렇게 섬으로 유혹하는 나도 이상하지만 일단 마음 먹었던 섬에 와서 바라보이는 다른 섬에 가고 싶은 것은 또 다른 유혹이다. 그 유혹에 끌려 나는 평생 섬으로 돌아다니고 말았다. 조금도 후회하지 않는다.

성산포에 오면 우도, 한림에 오면 비양도, 모슬포에 오면 가파도, 가파도에 오면 마라도 이렇게 이어진 것이 나의 섬 편력이다. 더 큰 섬이 아니라 더 작은 섬, 여기서 사람의 마음은 묘하게 달라진다.

더 작은 데서 살고 싶은 마음이 나에게 시를 찾아줬다. 그래서 나는 '더 작은 섬, 작은 섬…' 하며 찾아다닌다. 그것도 성수기가 아니라 비수기에 혼자 우도에 들어가 보면 알게 된다. 그런 소중한 마음으로 만든 시집 《그리운 섬 우도에 가면》을 '도서출판 우리글' 에서 다시 펴내게 되어 반갑고 기쁘다.

2010년 3월

이 생 진

차례

그리로 가면 만난다

그곳에선 사랑이 생긴다

그리움이 없어질 때까지

우도에 가십니까

저 섬에서 한 달만 살자

이십여 년 전 일출봉에 올라가 시심에 젖었을 때

나는 우도를 '무명도' 라고 불렀다.

그리고 그 섬에서 한 달만 살고 싶어했다

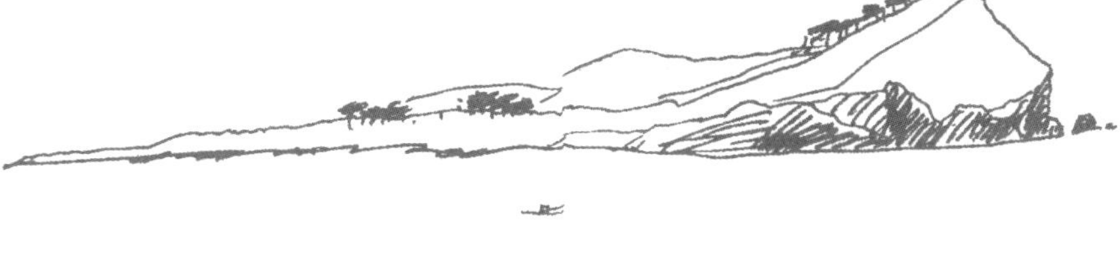

무명도
- 우도

저 섬에서
한 달만 살자
저 섬에서
한 달만
뜬눈으로 살자
저 섬에서
한 달만
그리운 것이
없어질 때까지
뜬눈으로 살자

이십여 년 전 일출봉에 올라가 시심에 젖었을 때

나는 우도를 '무명도' 라고 불렀다.

그리고 그 섬에서 한 달만 살고 싶어 했다.

나는 지금도 이 마음을 가슴에 간직하고 우도를 찾는다.

열 번 가고 스무 번을 가도 늘 그때 마음이다.

이 시는 작곡가 변규백 씨가 곡을 만들고

하덕희 씨가 고운 목소리로 불러서

서울의 대학로와 우이동 일대의 낭송 자리에서는

낯익은 노래가 되었다.

우도에 오면

우도에 오면
소 되는 줄 알았는데
시인이 되었다
보리밭에 서서 바다를 보는
시인이 되었다

우도에 오면
풀 뜯고 밭 가는 소 되는 줄 알았는데
모래밭에 배 깔고 엎드려
시 쓰는 시인이 되었다

226마리의 말이 한가롭게 풀을 뜯고 있다.

섬 하나를 말이 독점하고 있다는 것을 생각하면 너무나 자연스럽다.

1702년 7월 13일에 그린 '우도점마도'는 섬세한 풍경화다.

약 300년 전 우도에는 226마리의 말이 있었다.

그때의 넓은 초원을 상상하며 나는 한 마리 말이 되어 우도로 간다.

아니 내가 무슨 자격으로 가든 상관없다.

소든 말이든, 아니면 구름이든 상관없다.

그 소가, 그 말이, 그 구름이 시를 쓸 수만 있다면.

쇠머리 언덕에 앉아 우도의 땅 끝을 내려다보면

조용히 펼쳐지는 평화로운 마을, 나는 이 맛에 우도에 온다.

여름 한철을 제하고는 늘 한적한 섬이다.

소나무 밑이나 무덤 가, 혹은 길바닥에 앉아 시를 쓰고 있어도

나를 방해하지 않는다.

이런 분위기라면 우도로 건너온 소도 말도

나처럼 시를 쓸 수 있을 것 같다.

우도에 오면 야성野性이 시성詩性으로 바뀐다고 해도

내 말을 믿을 것 같다.

배 타면 마음이 설렌다

배 타고 우도로 가는 것은
수십 년 찾아 헤맸던
행복의 나라로 가는 것 같아서
축배를 들기 위해 자판기를 누르거나
캔 맥주 하나쯤은 따야

우도로 가는 길은
마음이 터질 것만 같아

새파란 신랑도 아니면서
신랑 같은 바닷물을 타고
신나는 신부도 아니면서
신부 같은 설렘으로

우도로 가는 길은
숨겨둔 꽃을 찾아가는 나비처럼
날아갈 것만 같다

배를 탔다.

배에서 나를 알아보는 사람이 있었지만

나는 초면처럼 낯설고 싶었다.

배에서 내린 사람들은 다시 차를 탔다.

첫째는 차가 있으니까 탔고, 둘째는 길을 모르니까 탔을 거다.

그러나 나는 걸어서 천진동 마을을 진동 없이 지나갔다.

차가 없으니 내게서는 먼지가 일지 않았고 소리도 나지 않았다.

그렇지만 사람들은 내가 차 없이 걸어가는 것을 측은히 여겼다.

그건 나를 보는 눈이 아니었다.

길가에 핀 들꽃이나 길 건너 밭에 누운 고구마덩굴은

나를 그렇게 보지 않았다.

이것들은 나를 고맙게 여겨 '업어다 드릴까요' 라고 말했다.

내가 차를 타고 지났으면 이런 신선한 인사를 하지 않았을 것이다.

시인은 늘 걸어 다녀야 한다.

타고 돌아다니면 시심이 불안해진다.

그래서 나는 섬에 오면 늘 걸어 다닌다.

그리로 가면 만난다

그리로 가고 싶은 사람 그리로 가라
그리로 가면 그 사람 만난다
남편의 넋
아들의 넋
그리로 가고 싶은 사람 그리로 가라
그리로 가면 만난다
그렇지만 너도 넋으로 가야 한다

마늘밭

마늘밭에 엎드려
단군의 냄새를 맡는다
주먹만 한 민족이
마늘밭에 살아 있다

마늘밭과 바다

마늘밭 매는 아주머니
가끔 바다를 보시나요?

"보고말고요. 나는 마늘밭보다
바다를 더 많이 보는걸요
마늘밭 매다 썰물이 되면
바다를 매야 하니까요"

여자, 여자는 강하다

여자는 생명의 은인이요 생명의 역군이다.

우도의 여자는 우도의 생명이요 우도의 역군이다.

제주도는 여자의 땅이요 여자의 바다다.

이혼하자고 하면 땅과 바다는 여자에게 주고

남자는 구름을 가져가야 한다.

'제주도는 여자가 지켜온 땅이요 바다다.'

이런 현수막을 팽나무에 걸어놓고

팽나무 밑에서 장기 두는 남자들을 향해

구호를 외치듯 외치고 싶다.

그러나 우도엔 나무그늘에서 장기 두는 남자가 없다.

우도엔 장기 둘 만한 팽나무가 없다.

여자만의 세상

여자만의 세상
그때 남자들은 돌 속에 숨었고
그때 남자들은 굴 속에 숨었고
그때 남자들은 숲 속에 숨어
그때 남자들은 숨도 못 쉴 때
여자의 힘으로 바람을 막고 있었을 때
돌도 여자요 바다도 여자였을 때
소라 껍데기처럼 빈 속이 쓰렸을 때
바다가 없었던들
여자가 남았을까
여자가 없었던들 남자가 남았을까

나무의 세월

나무를 보면
아름다움보다
세월을 따질 때가 있다
특히 고목의 경우는
남들이 내 나이를 따지듯
세월을 따지게 한다
우도에는 세월을 따질 만한 고목이 없다
우도에서 세월을 따지려면
비석 앞에서 따지는 게 좋다

시가 있는 곳

오래 살았다
살면서 많이 걸었다
그 증거로
헌 신을 모아둘 걸
시만 있는 곳을 찾아다닌 신발들
그들에게 나의 시론을 쓰라고 할 걸
어딜 가면 시가 있고
어딜 가면 시가 없다는 것을
솔직하게 쓰라고 할 걸
우도가 어떻더냐
신발에게 물어볼까

민박

민박시키고 돈 받고
민박에 응하고 돈 내고
돈 없으면 누가 날 재워주나
그 소리를 들은 아버지
호주머니에서 기침하시네

수평선에 매달린 사람

돌담 너머로 보이는 수평선
그것에 매달릴 줄 아는 사람이면
우도는 그 사람의 것이다

발로 쓴 글

우도 해안선 사십 리 길
손은 걷고
발은 글을 쓴다
발로 쓴 글
읽어보니
고린내 난다

콧노래

혼자 가는 길
콧노래 부르며 갔다
왜 그랬을까
세상을 걸어가다 보면
저도 모르게 나오는 노래
그곳이 진짜 살기 좋은 곳이다

아기의 나라

우도엔 아이들만 들여보냈으면 좋겠다
아이들만 있으면 위험하다고?
천만에
그건 어른들 때문이다

여기서 살고 싶다

아주머니
어쩌면 좋아요
나 여기서 살고 싶은데
여기서 고민하다
여기서 죽고 싶은데
어쩌면 좋아요
빙그레 웃는 아주머니
탐스런 마늘 한 통 뽑아 보이며
마늘도 여기 마늘이 좋아요 한다

사람이 좋아하는 곳을 식물이 좋아하는 것인지
식물이 좋아하는 곳을 사람이 좋아하는 것인지.
이건 당연히 식물이 좋아하는 곳을 사람이 좋아하는 거다.
애초에 우도는 풀밭이었다. 풀이 태어나 살고 싶어서 살았다.
그것을 뜯어먹으려고 말과 소를 보냈다가 욕심이 나니까
사람이 들어온 것이다. 풀이 따지지 않고 시비를 걸지 않아서
사람들은 마음 놓고 살아도 된다는 그런 식이다.
식물은 사람을 많이 미워할 거다.
그것도 모르고 사람들은 하루에도 수없이
풀을 쥐어뜯는다.

오봉리

우도 북쪽 끝 오봉리
무인 등대 하나
높이 오르면
내 시야詩野 보일 것 같아서
마을 사람 모르게 올라가본다

종이새

우도 쇠머리 언덕에서
일출봉을 바라보며 종이새를 접었다
소망을 싸듯 종이새를 접었다
그리고 구름처럼 날려보냈다
가다가 갈매기 되고
가다가 기러기 되라고
가다가 네 소망 내 소망 함께 타고
결국 마라도를 거쳐
어디로 갔나
마라도에 와서 종이새를 찾았다

그리로 가면 만난다

우도에서는 '있음'을 느껴야 한다.

'내가 있다'는 것을 느끼는 동시에

남아 있다는 것을 느껴야 한다.

남이 있다는 것을 느끼는 데 인색해서는 안 된다.

우도는 다른 섬보다 느끼게 하는 섬이다.

야생화

우도엔 야생화가 많다
아무도 그 꽃에 물을 주지 않는다
야생화는 버려져야 행복하다
버려진 민들레
버려진 엉겅퀴
버려진 메꽃이
하나도 버려져 있음을 모른다
그들은 사람의 집에 들어오고
화분에 뿌리를 묻을 때
비로소 버려진 것이 자유롭다는 것을 안다

우도에서는 '있음'을 느껴야 한다.

'내가 있다'는 것을 느끼는 동시에 남이 있다는 것을 느껴야 한다.

남이 있다는 것을 느끼는 데 인색해서는 안 된다.

우도는 다른 섬보다 느끼게 하는 섬이다.

그 '있음'의 느낌, 그것 하나만으로도 세상을 아름답게 하고 남는다.

그것을 확인하려고 먼 데까지 왔다면

하루 종일 걸어도 피곤하지 않을 것이다.

사람은 어디서나 느끼는 것이 중요하다.

느끼지 않고 산다면 하나도 아름다운 것이 없다.

느끼는 힘은 길러지는 것이다.

느끼는 것이 무디고 느끼는 일에 게으르고 느끼는 것을 무시하면

세상은 정말 흥미 없는 것이 되고 만다.

우도는 느끼러 오는 곳이지 보러 오는 곳이 아니다.

그렇다고 볼거리가 없다는 것은 아니다.

우도에서는 볼거리보다 느낄 것이 더 많다는 이야기다.

추억도 좋고 잃어버린 사랑도 좋다.

가다가 들에 핀 들꽃을 만나면 그런 귀한 생각이 떠오른다.

여행은 보고 먹는 것으로 만족할 것이 아니라

보고 느끼고 그리는 것으로 만족해야 한다.

고독 속에서 살찌는 풀

동쪽 벼랑에까지 따라온 것은
구름의 발자국 소리
소라질경이
방풍
바늘엉겅퀴
갯쑥부쟁이
너희들은 너무 비만하다
고독 속에서
무슨 입맛으로 그처럼 살이 쪘나
식물도 살이 찌면 단식해야지

갯메꽃

'나 가다가 주저앉아
메꽃 앞에서 어쩌면 좋아
입만 벌기고 있는 메꽃 앞에서
어쩌면 좋아'
이런 넋두리
시인이니까 할 수 있지

갯쑥부쟁이

간밤에 내려왔다 돌아가지 못한 별이다
갯쑥부쟁이는 절벽을 좋아한다
갯쑥부쟁이는 바람을 좋아한다
갯쑥부쟁이는 파도 소리를 좋아한다
갯쑥부쟁이는 늘 혼자다
빙긋이 웃으려다 울어버리는 오후의 고독
나도 모르게 손을 내밀면
저승에서 온 사람처럼 손을 내민다
갯쑥부쟁이는 가까이 있으면서
먼 데 있는 너 같다

목에 힘준 엉겅퀴

대나무 숲
그것들끼리
무엇을 속삭이나
낮에도 소곤소곤
밤에도 소곤소곤
낮말은 새가 듣고
밤말은 쥐가 들어
사월의 갈대는
삼월처럼 고갈되어
찔레가 서로 엉킨 풀밭에서
엉겅퀴는 무얼 믿고
무더운 육칠월
목에 힘을 주나

사랑하면 가시도 솜털 같다

어려서는 가시가 있어 싫었는데
나이 들면서 친해지는 엉겅퀴
사랑하면 가시도 솜털 되는구나

기권, 포기, 양보 이런 말들은 맥빠진 패배자의 말이 아니다.
나이 들어 성숙해지면서 생기는 인생의 버팀목 같은 것이다.
하찮은 것 가지고 왜 싸웠던가.
그땐 왜 기권, 포기, 양보 이런 말들이 생각나지 않았을까.
엉겅퀴가 내 가슴에 들어왔는데 왜 가시로 찌르지 않을까.
이런 마음은 역시 맑고 깨끗한 곳에서 싹이 튼다.
우도에서는 엉겅퀴가 가슴을 찌르는데도 아프지 않다.

연꽃

중앙동에서 영일동으로 넘어가는 길가에
연못이 두 개 있다
붉은 연꽃이 숯불처럼 일어나고 있다
잎은 물에 뜨고 꽃은 구름에 떠 있다
밤에는 초롱불처럼 훤해서
별들이 자주 내려와 앉는다
별들이 연꽃 품에 안겨 젖을 빨다가
날이 밝으면 하늘로 올라간다

이 섬의 젖줄인 두 연못
하나는 김진사통이고
하나는 양벵방통이다
한때 우도 사람들의 젖줄이었는데
지금은 연꽃이 그 젖꼭지를 물고 놓지 않는다
물은 어디서나 생명의 젖줄
우도는 어른들도 어린애 같다

꽃과 새의 사투리

지나가는 할머니의 사투리
새소리보다 알아듣기 어렵다
하지만 알아들은 체하고
지나가도 무방하다
엉겅퀴와 패랭이는
그곳 토박이 인데도
사투리를 쓰지 않는다

건강한 해녀 할머니들이 물질하려고 바다로 나가고 있었다.

사오 명이 함께 걸으며 열심히 말을 하는데

하나도 알아듣지 못했다.

우리나라 3,000여 개의 섬 중에

사투리 때문에 알아듣지 못하는 섬은 제주도밖에 없다.

그중에서도 심한 곳이 우도다.

그러나 나는 우도에서 사투리를 알아듣지 못해 실망한 적은 없다.

언어에 고달프면 꽃에게로 갔으니까.

꽃에는 사투리가 없다.

세계 어딜 가나 꽃은 알아듣기 쉬운 공통어를 쓴다.

그것이 신기해서 나는 꽃 옆을 떠나지 못한다.

남의 무덤 앞에서 공연히

어느 무덤이든 쥐어뜯으며 정신없이 우는 거야
뒤돌아보지 말고 우는 거야
쑥스러워할 것 없이 그저 우는 거야
시詩로 우는 거
그건 너무 싱거워

할미의 무덤이든 할아비의 무덤이든
홍역을 앓다 세상맛도 못 보고 떠난 갓난애의 무덤이든
아니면 님이 그리워
뭍으로 간 님이 그리워
식음을 전폐하고 울다 울다 죽은
과부의 무덤이든
무덤 앞에서 우는 것은 흉이 아니니
덮어놓고 우는 거야
그렇게 울고 나면 시원해
남의 눈치 보지 말고 실컷 울어
될 수 있으면 죽어서도 서러운

죽은 뒤 한 번도 찾아오지 않는 무덤일수록
그 울음이 효험은 커
무덤 앞에서 우는데 누가 뭐라고 해
거기 엎드려 실컷 울고 있어
패랭이꽃은 다치지 말고
패랭이는 인생을 절반도 못 살고 돌아가신 아버지야
그렇다고 쇠똥을 만져서는 안 돼
그것은 익살이니
익살도 오래 웃으면 눈물이 나

잔디를 뜯어라 여름엔 풀이 무성해서 무덤도 넉넉하다만
슬픔이야 풍부해서 좋을 게 뭐니
슬픔이 수척할 때까지 쥐어뜯어라
겨울 무덤은 썰렁하다 하지만 이곳 무덤엔 꽃이 핀다
가난한 넋을 달래기 위해 갯쑥부쟁이가 동전처럼 핀다
꽃은 무덤의 연인
꽃을 아끼는 것은 무덤뿐이다

꽃같이 살려면

그들은 앞에 가고
나는 뒤따라갔지만
아무도 어딜 가느냐 묻지 않기에
나도 어딜 간다고 말하지 않았다
대답이 필요 없다는 것은
그만큼 부담이 없다는 것
꽃이 언제 묻고 대답하더냐
공연히 사람들만 묻고 대답하다가
말다툼했지

어느 절간

소나무가 바람을 막았다
부처님이 흐뭇해하신다
눈 내리는 겨울밤
스님 방은 따뜻한데
부처님 방은 썰렁하다
그래도
부처님은 빙그레 웃으신다

해초

파도에 밀려온 해초
물 떠나고 나니
썩기 시작한다

유해

돌 틈에 말라죽은 꽃 한 송이
생을 마친 조용한 종말
어찌 저것이 칠십을 살고 간
유해遺骸와 다르랴

그곳에선 사랑이 생긴다

우도엔 사랑이 있다.

우도에 가면 사랑이 생긴다.

하고수동백사장을 거닐다 자기도 모르게

'사랑' 이라는 두 글자를 모래밭에 써놓고 수평선을 바라본다.

신혼부부

도항선을 타고 우도에 온다
아직은 아이 없이 쌍방으로 온다
떨어질까 봐 손이 손을 꼭 잡고 온다
"사진 한 장 찍어주세요"
일출봉을 넣고 사진을 찍어달라는 신혼부부
찰칵!
"고맙습니다"
어쩐지 그 말을 내가 하고 싶었다

고마움은 서로의 몫이다.

고마움을 받은 사람이 고마워하는 것은 당연한 일이지만,

그 소리를 듣는 사람도 고마워해야 한다.

남의 눈을 피해서 거액의 돈을 받았을 때,

그때는 고마움보다 불안함을 느낀다.

그 거액의 출처와 용도의 방향이 이치에 맞지 않아서

고맙다는 말은 못하고 빨리 숨겨야 한다는 생각이 든다.

숨겨야 하는 고마움은 고마움이 아니다.

행복은 공것이 아니다.

언제고 대가로 온다.

그리고 행복은 큰 하물로 오는 것이 아니라 작은 소포로 온다.

작기 때문에 내 좁은 가슴으로 들어오는 것이지

넓은 대문을 통해 창고로 들어오는 것이 아니다.

나는 그 젊은이에게 셔터 한 번 눌러주고

하루 종일 기뻐했다.

젊은 한 쌍

손에 손잡고 가는 젊은이 한 쌍
혼자 가는
나를 본 체 만 체하는데
저들도 칠십이 되면
누군가가 본 체 만 체하겠지

시 쓰는 애인

시 쓰는 이는 사랑하기 좋겠다
사랑을 알고 시를 쓰니까
그래서 따라온 여인
따라오면서 실망했다
사랑은 하지 않고 시만 쓰는 시인을
바닷가에 버리고 왔다
알고 보니
시 쓰는 이의 사랑은
수평선 너머에 있었다

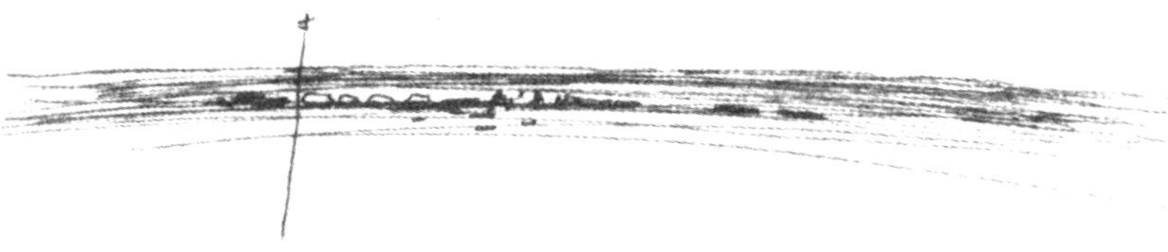

저 여자

저기서 걸어오며
날 쳐다보는 저 여자
사십 년 전에 나하고 만났다면
지금쯤 어떻게 살고 있을까
그 여자 얼굴에서
그런 글을 읽었다

해변의 여자

"커피 드시겠습니까"
하고 말을 건네던 여름여자
자판기를 보니 그 여자 생각난다
그대로 가면 자판기가 울 것 같아
그 여자를 달래듯
동전을 입에 물렸는데
겨울 해변엔 그런 여자 하나 없다

맨발로 걸어가는 여인

백사장을 보자 발을 벗는 여인
님이 보면 얼마나 예뻐할까
저 발도 모래알 같다고
얼마나 예뻐할까
모래밭에 핀 해당화 같다고
얼마나 예뻐할까

추억은 우는 거

혼자된 여자처럼
우는군

비바람
구름
비바람
구름 하며
우는군

혼자된 새처럼
우는군

저 울음이 잠자는 추억을 깨울 수 있을까

모두들
혼자된 것처럼
우는군

산호백사와 저녁놀

산호백사珊瑚白沙
어쩌면
여길 지날 때마다 해가 질까 하면서도
그 시각에 여길 지나가는 내 버릇
저녁놀은 색이 되고
색은 감感이 되어
어디서 꿩이 음音으로 색칠한다

저녁놀 앞에서는

저녁놀 앞에서는
그 사람이 옆에 있는데도
없는 것 같아서
옆자리를 더듬었다

흰 모래밭

하고수동 흰 모래밭
꽃신 신은 사람 꽃신 벗고
꽃치마 입은 사람 꽃치마 벗고
흰 발바닥 흰 모래밭에
흰 살 묻고 누워 달빛에 감겨라
흰 살에 젖어든 물자락
꿈에서처럼 간드러져
울고 싶거든 울어라
꽃바구니 든 사람 꽃바구니 놓고
꽃가루 묻은 발 모래밭에 묻어
오늘 밤엔 달빛만 안아라
하고수동 흰 모래밭
너의 침실
달구경 나온 게
네 발바닥 긁거든
소리 내지 말고 웃어라

산호모래

한 주먹 집은 산호모래
서서 보긴 다 같은 모양인데
집어서 보니
한 개도 같은 것이 없다

별을 보며 걷던 날 밤

별자리를 이야기하다
오리온자리에 네 얼굴을 그려넣던 날 밤
그건 시인만이 하는 짓이 아냐
그걸 사랑이라고 불러본 것은 달이 지고
네가 떠난 후였어
그 하늘에 거미줄 같은 추억을 치고
내 꿈속으로 파고든 것은
찬바람이 싫어 들어왔다는 갯쑥부쟁이
나는 그것이 오리온자리에서 내려온 여인인 줄 알고
헛손질했지
그 후 나는 사막을 걸어가는 고아 같았어

하고수동 해수욕장

파도가 쓰다듬고 간 모래밭을 밟는다
어느 여인의 배 위를
이렇게 염치없이 밟고 갈 수 있을까
자연은 너그럽다지만
그대로 밟고 가기가 여간 미안한 게 아니다

코끼리굴에 살면

동굴에 살면
너와 나는 토끼 같을까
사나운 야수 같을까
외로움에 젖어
손톱 끝까지 새파란 정적을
무슨 꿈으로 긁어낼까
가령 조그만 아주 조그만 짐을 싸들고
여기 코끼리굴로 들어와 산다면
그 돌 바닥에서 행복이 싹틀까
왜 이렇게 사느냐고 누가 물으면
우리 멋이라고 해버릴까
이런 굴에 오면
아름다운 비밀부터 펴보고 싶은 것은 무슨 이유일까
둘만 누리고 싶은 행복도 그렇고
누구나 한 번쯤 그렇게 살고 싶은 광기
수염도 기르고 머리도 깎지 말고
한두 차례 밖으로 나와
보리밭이 바람에 요동치는 것을 보고

들어와 무엇을 할까
커피를 마실까 아니면 추리소설을 읽을까
아니면 편지를 쓸까
여하튼 남에겐 알리지 말고
내 멋대로 살고 싶은 때가 있다
그것이 정상인데 왜 사람들은
이상하게 여길까

신혼여행이 끝난 신혼부부

거기가 신양반도다
택시기사가 카메라를 들이대며
끌어안으라던 모래밭
바다에 뜬 일출봉을 배경으로 해야 한다고
고집스럽게 당부한 것은 너희들의 계약보다
그 배경이 오래 가기 때문이었다
그 바닷가가 신양반도다

유채꽃 피는 사월
비행기보다 기분 좋게 흔들리던 꽃방석
성산포는 바람에 손이 있는 것 같아서 좋다
한바구니 쏟아질 것 같은 별도 좋고
새벽달도 좋다

신방 때문이었을까
지금도 이불 속에서
일출봉으로 올라가고 있는가
세월에 밀려나도
유채밭에서 찍은 신혼 사진처럼

서로의 가슴을 껴안고 있는가

사랑의 바다

꿈속에서도 벌건 태양을 주무르던

사랑은 잊지 말아야지

섬으로 떠돌다 보면 나도 모르게 내가 바뀌는 것을 느낀다.
그걸 생각하면 젊은 날의 여행은 절대로 무미한 것이 아니다.
우도 여행에는 우도가 가지는 '묘한 생동감' 이 있다.
여기서 '묘한 생동감' 이란 우도 사람들의 끈질긴 개척정신을 말한다.
1697년에 목장이 만들어지고 1842년 이후 개척기에 다져진 우도.
여성들의 근면성을 꿰뚫어보며 돌담길을 걷는다면,
우도는 그저 들뜬 신혼부부나
젊은이들의 낭만을 위한 무대가 아님을 알게 된다.
적어도 자기 황무지를 개척하는 데 힘이 될 수 있는 섬이 바로 우도다.
새로운 문화를 개척하려면
성공한 개척지의 원점에서부터 살피는 것이 현명하다.
때 묻은 기존 문명에서 배우기란 여간 어지러운 것이 아니니까.
우도에 들어오면 배낭을 메고 도보 일주를 하고,
소박한 집에서 민박을 하며 생활의 지혜를 배워라.
새로 출발하는 사람은 첫발부터 잘 디뎌야 한다.
그런 것이 머릿속에 떠오를 때 여행은 유익하고 보람 있는 것이 된다.
학교 교육으로 따라갈 수 없는 것이 여행에서 얻어지는 교육 효과다.
내가 섬으로 떠돌며 시를 배우는 것도 그런 이치에서이다.

검은 모래밭을 거닐며

이상해
아무래도 이상해
우도, 검멀래*
검은 모래밭을 거닐고 있었는데
남들이 보기엔 혼자였지
하지만 나는
남모르게 아이를 가지고 있었어
그 많은 갈매기가
산란기를 맞아 자리를 떴을 때에도
나는 그 애 때문에 자리를 뜨지 못했어
갈매기들이 제 짝을 찾아 홍도鴻島로 가고
나는 추억으로 푹푹 빠지는 모래밭에 아기를 낳았지
지금은 그 애랑 모래밭을 거닐고 있어

* 우도에 있는 검은 모래밭

보리밭

보리밭을 밟고 가다가
추억을 밟고 가는 것 같아서
뜬구름을 봤다
그 애도 오는가 해서

그리움이 없어질 때까지

그래
나를 그대로 놔두라
그게 날 사랑하는 거다
수평선이 날 놔두듯
그렇게 놔두라

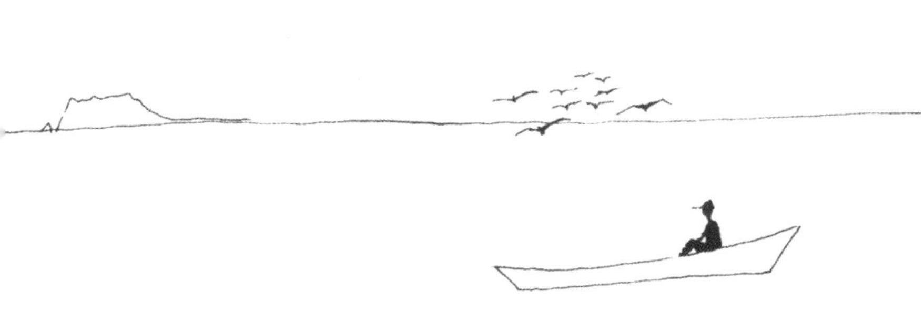

왜 바다를 좋아하나

"왜 바다를 좋아하십니까"
"넓어서"
"넓다는 것만으로 좋아하십니까"

그저 막연히 서 있으면 알 것 같아
길이 생길 것 같아
누가 그 길로 올 것 같아

"왜 바다를 좋아하십니까"
"다녀보면 알아
애써 시를 쓰지 않아도
바다가 시라는 걸 알아"
"결국 시 때문이군요"
"그렇지"
"왜 바다를 좋아하십니까"

아이들이 왜 바다를 좋아하는지 알아
시인이 왜 아이들을 좋아하는지 알아
시인이 왜 바다를 좋아하는지 알아
바다가 왜 시인을 알아보는지 알아

바다밖에 없다

요 바다밖에 없다
바다 같은 낭군이
수평선 너머로 끌려간 뒤로는
요 바다밖에 없다
칠십 평생 깔고 누운 것은
요 바다밖에 없다
이 길로 쭉 가면
낭군한테 갈 수도 있으련만
소금기 묻은 채 끌려간 뒤로는
요 바다밖에 없다

말이 길어질 때

긴 시를 쓰지 않겠다
길수록 거짓말이 섞이니까
내 말이 길어지거든
두말 말고 일어서라

비가 와도 행복을 느낄 때

비가 오는데
왜 눈치 없이 행복한가
이렇게 행복한데
왜 눈치 없이 비가 오는가

그래

그래
나를 그대로 놔두라
그게 날 사랑하는 거다
수평선이 날 놔두듯
그렇게 놔두라

혼자 있고 싶을 때

혼자 있고 싶어
딱딱한 자폐증을 뚫고
바닷가로 나가 통쾌하게 부서지는
너희들의 침실로 들어가고 싶어
너희들은 맑고 깨끗해
너희들은 태양처럼 눈부셔
너희들은 달처럼 순수해
너희들은 별처럼 예민해
너희들은 구름처럼 자유로워
혼자 있고 싶어
달처럼 혼자 있고 싶어

절벽 앞에서

나
여기 앉아 있을 테니
다들 돌아가라

유언지대遺言地帶

누구나 비상용으로 가지고 다니는 절벽

나
여기 앉아 있을 테니
그만 돌아들 가라

찾지 말라

내가 어딜 가든 찾지 말라
이 말을 진짜 하고 싶었는데
한 번도 하지 못했다
몰인정
몰지각
놀상식
그런 시비에 걸릴까봐 하지 못했다

아무도 날 찾지 않네

아무도 날 찾지 않네
하루만 없어도 찾으시던 어머니
이젠 어머니도 날 찾지 않으시네

밭

감자를 걷어내고 땅콩을 심고
땅콩을 걷어내고 밀을 심고
밀을 걷어내고 당근을 심고
당근을 걷어내고 마늘을 심고
내 밭은 나로 끝나는 밭
날 걷어낸 뒤 무엇을 심을까

고독해서 모인 것들

멀리
하나 둘씩
켜지는 집어등
집어등 밑으로 모여드는 고독
물고기는
고독해서 모인 것이겠지
고독을 미끼로 고기 잡는 잔인성
사람의 고독은 무엇에 물리는 걸까

한하운 시인 생각

가도 가도 검은 돌밭길
길가에 앉아 신발을 벗어보니
아직도 발가락이 다섯
가도 가도 닳지 않는 내 발가락
고맙단 말 절로 나온다

가도 가도 붉은 황톳길
숨막히는 더위 속으로 쩔름거리며
가는 길……

신을 벗으면
버드나무 밑에서 지까다비*를 벗으면
발가락이 또 한 개 없다

앞으로 남은 두 개의 발가락이 잘릴 때까지
가도 가도 천리 먼 전라도길
– 한하운의 시 〈전라도 길–소록도로 가는 길〉에서

가난한 시인에게 고마운 것은 건강한 육신이다.
손가락도 고맙고 발가락도 고맙다.
나는 돌담 밑에서 신을 벗으며
걷기 불편했던 한하운 시인을 생각했다.
오래 전에 그가 그리워 소록도에 간 적이 있다.
그리고 그의 시비 〈그의 시비는 누워 있다〉에 걸터앉아
신을 벗고 내 발가락을 봤다.
그때나 지금이나 발가락이 성한 나는 행복하다.

* 일제 말에 신었던 작업화.

질에서의 경험

- 굴에서 시 낭송

1

나는 시를 알고 지나가는 것이 아니라
손으로 시를 만지며 지나가고 있다

2

어둠에서도 빛이 보이니까 착시라고 하겠지만
착시라도 보이니까 절망은 아니다
우리는 한꺼번에 질膣로 들어갔다
질에서 나왔다는 소리는 들었어도
다시 질로 들어갔다는 소리는 처음이다
아버지의 사정射精을 더듬듯
플래시로 어머니의 쾌감을 더듬었다
질은 윤리를 내세우지 않았지만
떨어지는 눈물로 어둠을 적셨다
질은 저항하지 않았다
하지만 저항하고 싶어서 손을 찾고 있었다

등대는 미래다

등대는 사람도 아닌 것이
사자使者 같다
등대는 환각도 아닌 것이
꿈 같다
등대는 세월도 아닌 것이
미래 같다

등대와 아버지

육지에서 보는 등대는 허수아비 같지만
해상에서 보는 등대는 아버지 같다
아버지가 왜 이런 데서 나를 맞으실까
실은 어머니를 찾아 나섰다는 의중意中의 말
그 말씀은 하시지 않았다

되돌아보는 이유

험한 갯바위에 서 있는 등대까지 갔다가 돌아오는 길
어린 동생 두고 오는 것 같아서
자꾸 되돌아봤다
이것이 등대를 찾는 이유다

우도에 가십니까

누가 오겠지

이렇게 앉아 있으면

누가 오겠지

꽃이 오겠지

벌이 오겠지

그리고 또 다른 누가 오겠지

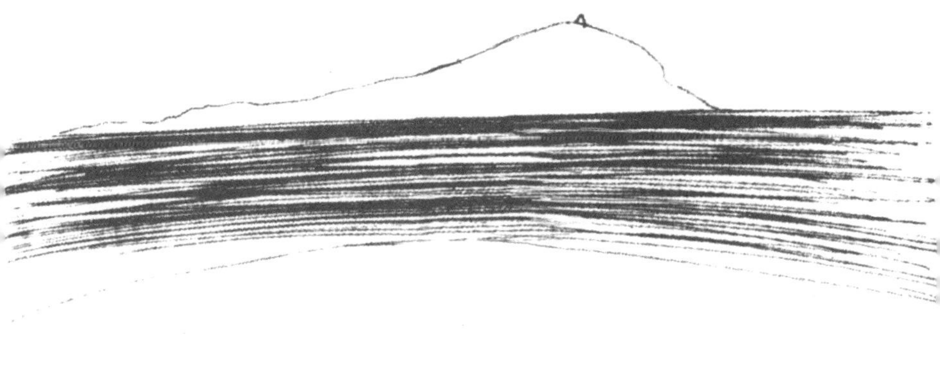

선착장 사람들

- 우도에 가십니까 · 1

1

갯바위에 앉아 가사리를 뜯는 여자
산언덕 기울어진 밭에서 김매는 여자
우도 선착장에 내리면
그런 것을 생각하는 것이 좋다
그런데 배에서는 엉뚱하게
'목포의 눈물' 이 쏟아진다
선착장 사람들은 들리니까 듣는다
그러다가 따라서 부르는 이도 있다
우체국 집배원을 마지막으로
배는 '목포의 눈물' 이 다 쏟아지기 전에 떠난다
우도의 눈물도 많을 텐데
하필이면 왜 '목포의 눈물' 인가
아무도 따지지 않아서 노래는 공평하다
이난영이 제주도에 와서 눈물을 쏟은 것을 아는지
내가 말하마 난영은 이런 사람이라고 내가 말하마

2

바다가 보이는 목포 양동 움막집에서 눈물의 공주로 태어난 난영은 날 때부터 가난했다. 주정이 심한 아버지는 매일 술이고, 어머니는 눈물로 세월을 닦았다. 난영이 열 살 때 어머니 집을 나가 난영은 오빠랑 목화공장에서 일하며 울었다. 초등학교 4학년 때 학교를 그만두고 어머니 찾아 제주도로 건너온 난영, 극장집 아이를 업고도 홍얼홍얼 노래로 울었다. 극장 주인이 난영의 노래에 반해 그녀를 연극 막간 가수로 내세웠는데 이것이 그녀를 운명의 가수로 만든 것이다. 다음엔 삼천리가극단 단원이 되어 일본으로 건너갔다가 OK레코드 사장에게 인정받고 작곡가 손목인에게 소개되어 드디어 노래의 여왕이 된 것이다. 그래서 제주는 난영의 인생 가교架橋란다. 이난영이 1969년에 52세의 나이로 세상을 떠났지만 '목포의 눈물'은 아직 떠나지 않고 이 항구 저 항구 떠돌며 난영을 찾고 있단다.

3

'사공의 뱃노래 가물거리며

삼학도 파도 깊이 숨어드는데

부두의 새아씨 아롱 젖은 옷자락

이별의 눈물이냐 목포의 설움'

하며 울고 있단다

엿장수와 땅끝

- 우도에 가십니까 · 2

끝 간 데까지 찾아다니며
엿장사나 하고 싶다
닳도록 신은 과부의 고무신 한 짝
가위 소리로 불러내어
끝 간 데까지 가고 싶다
엿은 팔리든 말든 땅끝*
지미봉**
그리고 말도***
그곳까지 엿 사러 오는 사람 없겠지만
섬으로 떠돌며 엿장사나 하고 싶다

* 토말. 해남반도의 끝.
** 제주도 동쪽 끝에 있는 오름.
*** 고군산열도의 마지막 섬.

선착장

- 우도에 가십니까 · 3

선착장에 모인 사람들의 음성이 크다
우도로 가는 흥분과
소가 아니라는 입증과
파도 소리를 이기려는 허세와

배가 떠나고 선착장엔
잠자리가 한마당이다
선착장을 잠자리에게 내준 사람들이
이번엔
쇠머리 언덕에서 소란을 편다

바람 같은 손

- 우도에 가십니까 · 4

지나가는 배에서 손을 흔든다
등대 밑에 앉아 나도 흔들었다
바람 같은 손
구름 같은 인연
제비가 날갯짓하고 간다
바람 같은 손
구름 같은 인연
어어이 어어이
어디로 가느냐고
물어볼 것도 없이
손을 흔들었다

사람을 피해 다니는 시
- 우도에 가십니까 · 5

오전 열한시
몰려들 관광객을 피해서
우도로 간다
내 시는 사람을 피해 다니며
사람을 그리워하는 모순
그 모순을
갯강구는 알아채고 있다

수평선을 보는 여자

- 우도에 가십니까 · 6

눈썹도 시름도 수평선 같은 여자
수평선에 반해 수평선까지 갔다가 온 여자
수평선에서 이쪽을 보니 이쪽이 그리워
다시 왔다는 여자
그런데 이쪽에서 수평선을 보니
다시 그쪽으로 가고 싶다는 여자
갑상선염 같은 수평선염에 걸린 여자
그 병을 나더러 고쳐달라고 한다

호랑나비와의 인터뷰

- 우도에 가십니까 · 7

우도로 가는 배에 호랑나비가 올라탔다
인터뷰,
곤충에게 마이크를 들이대긴 처음이다
"우도에 가십니까?
호랑나비로 태어난 것을
만족하십니까?"
"……" 대답이 없다
"나비 중의 왕이신데, 이 기회에 한 말씀"
또 대답이 없다
언어가 통하지 않나보다
아니 불길한 언어에 오염될까봐 그러는 것 같다
나비는 인터뷰에 응하지 않았다

도망치는 등대

- 우도에 가십니까 · 8

비양도 등대는
가도가도 멀리 있다
사람을 보면 도망치나보다

우리 저 등대까지 갈까

- 우도에 가십니까 · 9

가도가도 멀어지는 길
"우리 저 등대까지 갈까?"
"미쳤어"
그래 미치지 않고
이 더위에 미치지 않고
칠십 고령인데 미치지 않고
미쳐서 걸어가는 동심童心아
미쳐야 일곱 살이 된다

시인은 썩지 말아야 한다.

음식을 썩지 않게 하려면 소금에 절이거나,

아니면 더 이상 썩지 않게 하기 위해 발효시키거나 한다.

그러나 썩지 않는 것으로 만족해서는 안 된다.

생명이 살아 있어야 한다.

시인이 썩지 않으려면 시심에 동심이 살아 있어야 한다.

동심은 맑고 발랄하다.

동심은 천진난만하다.

동심은 새로운 것에 민감하다.

동심은 헌것에서 새로운 것을 보는 눈을 가지고 있다.

누가 보면 우리 시인들이 하는 짓이

유치하고 어리석다고 할지 모르지만

결국 그들은 그 유치하고 어리석은 일을 부러워하게 된다.

예술은 그만큼 순진하다.

그것은 동심에 의한 상상력 때문이다.

아이가 조르지 않아도 내 시심 속에 있는 동심이 나를 졸라

이 나이에 등대로 간다.

여치의 생방송

\- 우도에 가십니까 · 10

오른쪽은 비양도 왼쪽은 은모래 빛
길 양쪽은 잔솔밭
잔솔밭 속에 여치 소리
내가 가는 길을 전선주가 따라온다
이제 외롭지 않다
저 전선에는 외로운 사람들의 터질 것 같은 통화량
통화량 밖으로 뛰쳐나온 여치
"지금 우도에는 여치가 울고 있습니다"
때 묻지 않은 생방송
여치가 파도 소리를 가로막는다

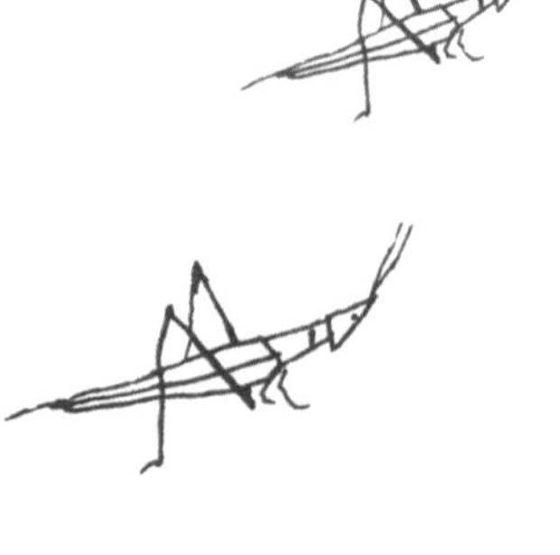

경운기 타고 가는 서울 아가씨
- 우도에 가십니까 · 11

경운기 타고 산호백사로 가는 서울 아가씨
경운기 마다하고
걸어가는 노인을 보고 또 본다
자꾸 뒤돌아보며
머리를 치켜올리며
뒤돌아보며
치켜올리며
본다
노인은 처사의 비 앞에 서서 비문을 읽고

처사고공계남위령비處士高公桂南慰靈碑
처사고공운백위령비處士高公雲伯慰靈碑

이 처사는 경운기 마다하고 서 있는
나더러 무엇을 읽으라 하나

고휘考諱는 운백雲伯이시고 비妣는 김해金海 김씨金氏라 공은 제주인으로 서기 1931년 8월 18일 생하여 장년 시에 출타하시어 타계 지명과 종명 일자가 미상하기에 무사無嗣*한 백

부님의 영원한 애도와 명복을 기원하면서 일편비一片碑로나 마 조카의 도리로 고향 땅 양지바른 이곳에 삼가 건비建碑하나이다. 1984년

기특한 일이다
1931년생이면 나보다 두 살 아래
내 비석을 세운 것 같아 흐뭇해하다 보니
어느새 경운기는 가고 서울 아가씨는 보이지 않는다
다랑쉬** 너머로 해만 달랑 혼자
눈물 닦으며 넘어가는 혼자
혼자란 늙을수록 비석 같다

* 대를 이어갈 자손이 없음. 무후.
** 우도 산호백사장에서 보이는 오름. 제주도 4·3 사건의 서러움이 가장 오래 묻혀 있었던 곳.

어떤 비문을 읽고
- 우도에 가십니까 · 12

오봉리 보리밭
바람에 밀려가는 돌담길
가다가 바람이 멈추기에
나도 멈췄는데
무덤 하나 이렇게 슬퍼하더군

모某 선장의 추모비

기관 고장으로 파선 직전에
선장의 책임을 다하여 선원을 구하고
모씨는 죽었다

그 다음부터 슬퍼지는 구절
34세의 나이에 4남매를 두고 갔다는 구절
그때 얼른 의문나는 것이
책임은 뭐고 희생은 무엇인가
어린 4남매 그것들 틈에

젊은 아내의 고생은 또 무엇인가
두고두고 울리는 구절이여
슬픈 글이야 읽다가 덮어두면 그만이지만
어린 4남매 그것들 때문에
젊은 아내 얼마나 울었을까
그 아내 죽거든
살아서 애절했던 사연
이 비문 옆에 새겨두라
남편의 비문보다 가슴이 뭉클해
지나가는 사람들 울다 울게

'아, 짓궂은 운명이여'

그녀의 비문을 내가 쓰고 간다

김 진사의 애인
- 우도에 가십니까 · 13

1

김 진사* 초시初試에 합격하고
사랑 때문에 대과大科를 버렸다
서울의 신申 판관判官 따님 놓칠세라
어린 소녀 손잡고 우도까지 왔으니
그 앳된 소녀 물도 없고 절도 없는
허허벌판 우도 풀밭으로 끌려왔으니
저 창백한 달과 함께 얼마나 울었을까
지금 서울 여자도 오기 어려운 길
냉장고도 없이 어떻게 살았을까
허영된 서울 여자들 우도에 한번 와보고는
'우리 우도에 가 살까' 하지만
양반집 규수 서울에서 우도까지
부모들은 얼마나 말렸을까
생각하면 아찔한 낭만

그런데 지금 여자들 펄펄 나네
아까 따라오던 호랑나비처럼 펄펄 나네

* 1844년(헌종 10년)에 우도에 들어와 우도를 개척한 김석린金錫麟.

2

진사김공석린유애비進士金公錫麟遺愛碑가
충혼탑 뒤 돌담에서 입 다물고 서 있다
모르는 이는 그저 허리 잘린 비석이거니 하겠지만
알고 보면 이건 기막힌 사연

허리 잘린 옛 비석은 오른쪽에 있고
허리 성한 비석은 왼쪽 지붕 안에 있다
김 진사와 황무지와 1844년
그 이전은 국유목장 말만 200마리

살아서 바라보던 종달리 지미봉을
지금은 비석이 되어 바라보고 있다
소나무 몇 그루 시야를 가리고
고추잠자리도 그때처럼 태연하다
잔디밭에 보리가 그때처럼 널려 있다
150년 전 그가 개간한 보리밭에
얽은 비석을 맴돌다 김 진사 귀에 대고
'서울서 데려온 여자는?' 하고 물어봤더니

대답이 없다

3

그래 이해해주마
걸핏하면 우도로 달려오는 나를 봐서
김 진사가 서울 색시 데리고 예까지 온 것을 이해해주마
우도 등대로 가다가 솔밭에 앉아
일출봉을 바라보며 바람에 날리는 흰머리
김 진사도 여기 앉아 그렇게 날렸을 거다
사랑은 긍정이지 부정이 아니니까
산천은 변해도 추억은 변하지 않는다고
야, 대단해 김 진사의 사랑 행각은 현대판이야

그때 그라고 시를 쓰지 않았을까
초시初試에 급제하고 복시覆試를 남겨둔 마당에
시가 모자라서 대과大科를 포기했을까
어디 그때 그 연가戀歌를 읽어볼까
우도란 제주도 동쪽 물 건너 외딴섬
말똥 냄새 그득한 쇠머리 언덕

그곳밖엔 사랑이 안전할 수 없으니
보리밥에 마늘짠지 담가놓고 산다 해도
너만 있으면……
사랑은 서로 고통을 나누는 거
사랑은 서로 미치는 거
사랑은 서로 떨어질 수 없는 거
사랑은 사랑 이외의 것을 버리는 거
대과大科야 뭐 대과
내가 우도로 가는 것은
진사로 가는 것이 아니라
알몸으로 가는 거요

어서 일어나 우도로 갑시다
이 보따리 머리에 이고
황진이로 갑시다
그래야 달을 봐도 서럽지 않고
별을 봐도 흔들리지 않을 테니
백 년 이백 년 후엔
누군가 시 쓴다고

이 섬에 올 거요
그 사람 오기 전에 미리 갑시다

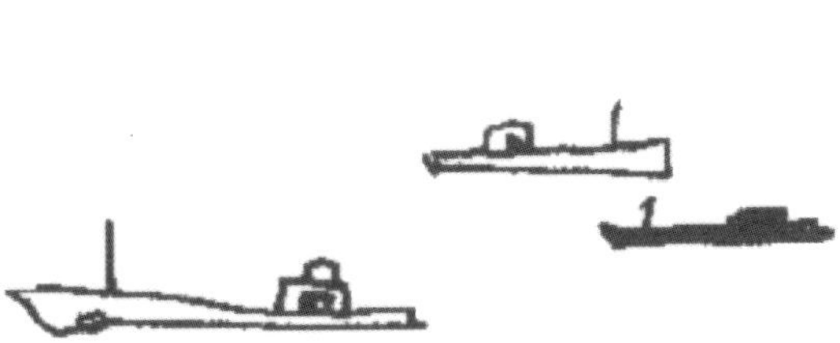

칠팔월의 우도

- 우도에 가십니까 · 14

칠팔월의 우도는
한창 신바람이 날 때다
담으로 쌓은 얽적빼기 돌도
돈을 보고 두꺼비처럼 기어나올 때다

채바다*

- 우도에 가십니까 · 15

그는 낯선 사람을
구면으로 받아들이는 데 익숙하다
그는 시인이며 모험가다
시를 읽어도 동굴 속에서 읽고
배를 타도 떼배를 탄다
고물 자동차를 끌고 한라산에서 통일전망대까지
목포에서 광주 통영 부산 대구 대전 천안 서울 강릉 속초 임진각까지
엄동설한 단신으로 4300km를 달리며 시를 낭송한 것도 그렇고
떼배를 타고 두 차례나 성산포에서 일본 섬까지
표류한 것도 그렇고
도대체 그는 언제 늙는가

신발은 나룻배만하고
배꼽은 소라 껍데기 같다
물개 같은 폐활량
코에서 갯바람이 쉬지 않는다
도대체 그는 뭘 먹고 사는 공룡인가

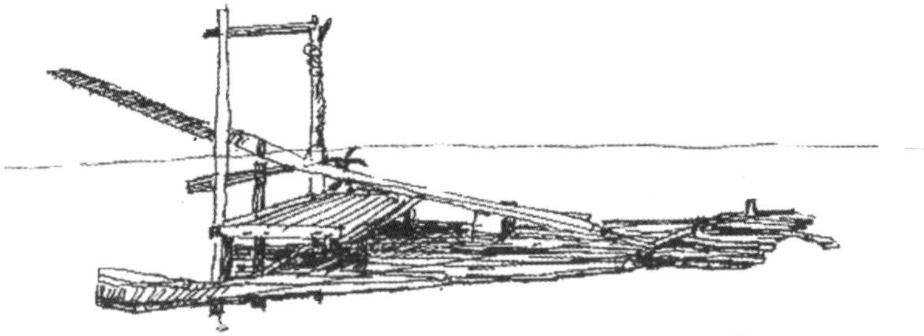

제주도 떼배 · 1985

* 채바다는 모험심이 강한 시인인데 그의 할아버지가 우도에 들어가 개척하고 살았다. 아버지는 성산포로 나왔고 그는 성산포에서 태어나 그곳에서 초 · 중 · 교육을 마치고 서울에 가서 수학했다. 다시 성산포로 돌아와 할아버지의 무덤이 보이는 우도 앞 바닷가에서 통나무집을 짓고 산다. 자유분방한 시인이다.

섬으로 오는 이삿짐

- 우도에 가십니까 · 16

누군가 이사 오는구나
서울에서 사업에 실패하고
누군가 이사 오는구나
달랑 이불 보통이 하나
비닐에 싼 보온밥솥
그리고 냉장고
암, 냉장고는 있어야지
가장家長은 쉬어터져도
음식은 쉬지 말아야 하니까
어디로 가는 걸까
어허 이것 봐라
내가 타는 배를 타네
"우도에 가십니까?"
"무인도로 가고 싶은데 우선은……"
"우선은 우도로 가시나요?"
우도에 가면 더는 갈 곳이 없는데
추자도 같으면 추포도나 횡간도
흑산도 같으면 상태도나 하태도
가거도 같으면 만재도

아니 그것들은 무인도가 아닌데
"어디로 가십니까?"
심란한 사람에게 다시 물어보기도 그렇고
조금은 쓸쓸하고
조금은 안됐다
인생은 바캉스가 아닌데
짐을 내려놓고는
"아 시원해라" 한다
무엇이 시원하다는 걸까

산에서 사는 게와 시인

- 우도에 가십니까 · 17

"너는 왜 바다를 두고 산에서 사냐?"
이렇게 물어보고 싶어도
내게 찔리는 것이 있어
"너는 왜 육지를 두고 바다로 떠도느냐" 할까봐
말장난이란 양식이 되는 것이 아니니
점잖은 내가 입을 다물어야지 하다가도
점잖은 것은 내가 아니라 게라는 것을 알고도
"너는 왜 바다를 두고 산에서 사냐?"
한번 물어보고 싶었는데

누가 오겠지

- 우도에 가십니까 · 18

누가 오겠지
이렇게 앉아 있으면
누가 오겠지
꽃이 오겠지
벌이 오겠지
그리고 또 다른 누가 오겠지
이렇게 앉아 있으면
누가 오겠지

파도의 문자

- 우도에 가십니까 · 19

수런수런 이야기하자는 것이 아니다
그렇다고 시비를 걸자는 것도 아니다
그럼 무슨 소리냐
아 알겠다고 너를 알겠다고
하는 소리다
네가 누군지
알겠다는 소리다
이제 겨우 파도의 글귀를 알겠다

쇠똥구리

- 우도에 가십니까 · 20

돌담길 걷다가 만난 쇠똥구리
하도 꾸무럭거리기에
"어딜 가는데 그리 꾸물거리느냐" 했더니
저는 쇠똥 찾아갈 테니
먼저 가라 한다
어디로 갔을까
그놈이 가고 나니
내가 쇠똥처럼 심심하다

연평초등학교 돌하르방

- 우도에 가십니까 · 21

돌하르방 두 개
교문 앞에 서 있다
하나는 무관이고 하나는 문관이다
그 옆에 공덕비가 일렬횡대로 서 있다
지나가던 내가 무례할 수 없어
일일이 허리 굽혀 문안드렸다
윤씨尹氏
현씨玄氏
고씨高氏
김씨金氏
강씨姜氏
양씨梁氏
공씨孔氏
정씨鄭氏
한씨韓氏
최씨崔氏
강씨康氏
우씨禹氏
문씨文氏

이씨李氏

이 마을 교육을 위해 희사한 분들이다
그들은 돌이 되어 늙어가면서도
그들의 고마움은 늙지 않는다
세월이 가고 비바람이 쳐도
고마움은 날아가지 않는다
우도 사람들은
고마운 것을 고마워할 줄 아는 사람들이기에
지나가던 나그네
인심을 읽듯 비석을 읽고 있다

서빈백사는 모래가 아니다

- 우도에 가십니까 · 22

서빈백사西濱白沙는 모래가 아니다
서빈백사는 산호 줄기가 아니다
서빈백사는 파도에 부서진 영혼의 분말
서빈백사에 네 알몸이 뒹굴 때
산봉우리 넘어가던 태양이
명주치마에 너를 싸들고 간다
서빈백사는 돌가루가 아니다
서빈백사는 한 많은 누님의 뼛가루다

국립중앙도서관 출판시도서목록(CIP)
그리운 섬 우도에 가면 / 이생진. -- 서울 : 우리글, 2010 p. ; cm. -- (우리글 대표시선 ; 16)
ISBN 978-89-6426-004-3 04810 : \9000
ISBN 89-89376-26-2(세트)
한국 현대시[韓國 現代詩]
811.62-KDC5895.714-DDC21
CIP2010001114

그리운 섬 우도에 가면

펴낸날 | 2010년 4월 10일 • 1판 1쇄
지은이 | 이생진
펴낸이 | 김소양
편집주간 | 김삼주
기획 | 최준
편집 | 김소영, 김성희
영업 | 김철범

펴낸곳 | 도서출판 우리글 • 전화 | 02-566-3410 • 팩스 | 02-566-1164
주소 | 서울시 서초구 양재2동 299-5번지 남양빌딩 6층
이메일 | wrigle@wrigle.com • 홈페이지 | http://www.wrigle.com
블로그 | blog.naver.com/wrigle
출판등록 | 1998년 6월 3일 제03-01074호

도서출판 우리글 2010
Printed in Seoul, Korea

ISBN 978-89-6426-004-3 04810
89-89376-26-2 (세트)

* 잘못된 책은 바꾸어 드립니다.
* 책값은 뒤표지에 있습니다.